I0215694

MÉTHODE

DES

HAUTES-ALPES

ou

l'art de lire

RÉDUIT A SA PLUS SIMPLE EXPRESSION.

DIVISÉ EN TROIS PARTIES.

Prix : 30 cent.

De tout peuple ignorant déplorons le malheur,
Instruisons ses enfants nous ferons leur bonheur.

2ᵉ Édition. — Mars 1836.

GRENOBLE,

PRUDHOMME, IMPRIMEUR-LIBRAIRE,
Rue Lafayette.

Tout exemplaire non revêtu de la signature ci-dessous sera réputé contrefait.

On trouve, chez le même libraire, la Collection de Tableaux, au nombre de 8, et le Tableau général.

AVERTISSEMENT

DE LA PREMIÈRE PARTIE.

DE LA LECTURE.

Les mots se composent de syllabes, et les syllabes se composent de sons et d'articulations ; ces éléments sont simples, doubles et triples. C'est pourquoi nous avons divisé les principes de lecture en trois parties : la première pour les éléments simples, la seconde pour les doubles, et la troisième pour les triples.

Le nom que nous donnons aux lettres dans cette Méthode est le seul conseillé par tous les instituteurs zélés et expérimentés.

COMPOSITION DE LA PREMIÈRE PARTIE.

La première partie n'est formée que d'éléments simples ; elle est suivie de douze séries de mots d'une difficulté graduelle, et toujours formés d'éléments simples très-soigneusement combinés ensemble.

1re SÉRIE.

Puisque vous avez appelé d comme de, m comme me, r comme re, etc., assurez-vous seulement si l'élève connaît parfaitement l' e muet, afin qu'il ne le perde jamais de vue, et faites lire, sans épeler, ode, ame, ère, etc. Vous éviterez ces répétitions qui allongent non-seulement les principes de lecture, mais qui nuisent extraordinairement à la prononciation.

Cette série de mots n'est, à la vue d'un instituteur habile, que les éléments voyelles simples et consonnes simples, présentés seulement sous un ordre différent.

2ᵉ Série.

Les mots de la 2ᵉ série sont ceux de la première, devant lesquels nous avons mis une consonne simple ; toute la difficulté consiste donc à joindre cette consonne aux mots ode, ame, ère, etc., afin d'en faire les mots code, rame, mère, etc.

En présentant à l'élève les mots de la 2ᵉ série, code, rame, mère, etc., faites-lui ôter adroitement de la fin de chaque consonne, l'e muet qu'il y mettrait en épelant, et il lira, sans épeler, code, rame, mère, etc.

Appeler les consonnes avec le secours de l'e muet, substituer adroitement à la place du son sourd de l'e muet le son des autres voyelles, c'est toute la méthode; mais à côté de cela, il y a un savoir-faire qui n'est basé que sur l'expérience, et dont on ne peut donner les règles.

3ᵉ Série.

Considérez la lettre h comme nulle, et faites lire, sans épeler, hôte, hâte, hère, etc.

4ᵉ Série.

Les mots de la 4ᵉ série ne diffèrent de ceux de la troisième que par la suppression de la lettre h, à la place de laquelle nous avons mis une autre consonne, de sorte que le mot hôte
 devient le mot côte,
 le mot hâte
 devient le mot pâte,
 le mot hère
 devient le mot père, etc.

5ᵉ Série.

Considérez la lettre h comme nulle, les consonnes doubles comme simples, et faites lire, sans épeler, homme, halle, hotte, etc.

6ᵉ Série.

Les mots de la 6ᵉ série ne diffèrent de ceux de la 5ᵉ que par la suppression de la lettre h, à la place de laquelle nous avons mis une autre consonne, de sorte que le mot homme
devient le mot pomme,
le mot halle
devient le mot balle,
le mot hotte
devient le mot botte, etc.

Remarquez qu'il est une mémoire de position pour les enfants : ils connaissent les lettres placées en tel endroit et ne les reconnaissent plus dans un autre ; il faut alors leur faire comparer les lettres placées dans l'endroit où ils ne les reconnaissent plus avec celles placées dans l'endroit où ils les connaissent : c'est le moyen de les leur apprendre à connaître d'une connaissance assurée qui les leur fera nommer sans hésitation au premier coup d'œil.

PREMIÈRE PARTIE.

VOYELLES SIMPLES.
(Sons simples.)

o   a   e   i   u

é   è   y

N'appelez l'y double que comme l'i simple, et faites observer que parmi les voyelles o, a, e, i, u, y, les trois premières s'appellent rondes, parce qu'elles ont la forme ronde, et les trois dernières s'appellent droites, parce qu'elles ont la forme droite; que les rondes placées devant les droites se combinent ensemble; que les droites devant les rondes, ou deux rondes ensemble, se prononcent séparément.

CONSONNES SIMPLES.
(Articulations simples.)

l	r	f	c	n	m
le	re	fe	que	ne	me
g	p	b	d	q	s
gue	pe	be	de	que	se
x	j	v	k	t	z	h
xe	je	ve	que	te	ze

L'ALPHABET EN ORDRE.

a b c d e f g h i
j k l m n o p q r
s t u v x y z

MAJUSCULES.

Aa Bb Cc Dd Ee
Ff Gg Hh Ii Jj
Kk Ll Mm Nn Oo
Pp Qq Rr Ss Tt
Uu Vv Xx Yy Zz

CONSONNES DOUBLES.

ll rr ff cc nn mm
pp bb gg tt ss etc.

1ʳᵉ SÉRIE.		2ᵉ SÉRIE.	
o de	ode	co de	code
a me	ame	ra me	rame
è re	ère	mè re	mère
î le	île	pi le	pile
u re	ure	du re	dure
o ve	ove		
a xe	axe	ta xe	taxe
è ve	ève	rê ve	rêve
i re	ire	li re	lire
u ne	une	lu ne	lune

3ᵉ SÉRIE.		4ᵉ SÉRIE.	
hô te	hôte	cô te	côte
hâ te	hâte	pâ te	pâte
hè re	hère	pè re	père
hu re	hure	cu re	cure

5ᵉ SÉRIE.		6ᵉ SÉRIE.	
ho mme	homme	po mme	pomme
hu ppe	huppe		
ha lle	halle	ba lle	balle
ha ppe	happe	na ppe	nappe
ho tte	hotte	bo tte	botte
hu tte	hutte	bu tte	butte

7ᵉ SÉRIE.

la	cu	ne		zi	ne
na	vi	re		fi	gu	re
lé	gu	me		xy	lo	pe
ga	lè	re		zy	go	me
mo	dè	le		pa	ro	le
sa	la	de		da	nu	be
sé	vè	re		ba	di	ne
vo	lu	me				

8ᵉ SÉRIE.

e devant x et toute consonne double se prononce è

sexe	gabelle	manette	cuvette
messe	tonnerre	caresse	lunette
terre	navette	palette	côtelette
belle	javelle	nivette	omelette

ÉLÉMENTS EXCEPTIONNELS.

9ᵉ SÉRIE.

s entre deux voyelles se prononce z.

ruse	désolé	Tamise
mise	basile	Vésuve
fusée	casolé	camisole
risée	bisette	Thérèse

g devant e, i, y, se prononce j.

gîte	collége	pégage
gêne	génisse	genette
cage	ravage	girafe
gage	gyrole	gynide

c devant e, i, y, se prononce s.

ceci	calice	céleri
cela	civette	Bucelle
décès	ficelle	capucine
cède	racine	cyzicène

ç se prononce s.

maçonné	façonné	façade	reçu
maçon	façon		

10ᵉ SÉRIE.

es à la fin des mots se prononce e ; il se prononce é dans les monosyllabes.

mes	mâles	les pôles
tes	lunettes	des pipes
ses	bottes	ces calices

11ᵉ SÉRIE.

e, es précédés d'une voyelle ne se prononcent pas.

Ecrivez :   *Lisez :*

jolie	jolies	joli
finie	finies	fini
polie	polies	poli
rôtie	rôties	rôti
bénie	bénies	béni
reçue	reçues	reçu
battue	battues	battu
Italie		Itali
pie		pi

12ᵉ ET DERNIÈRE SÉRIE.

mode ridicule	la pie vole
note finale	j'habite l'Italie
figure pâle	la jupe de ma mère
colonne élevée	le zèle de Caroline
libérale nature	le pape habite Rome

AVERTISSEMENT
DE LA SECONDE PARTIE.

Faites prononcer d'un seul temps les éléments de la deuxième partie, comme ceux de la première.

Les syllabes des mots de la deuxième partie ne sont pas seulement formées de ses éléments, elles sont souvent formées d'éléments de la première ; la première partie est par conséquent réunie à la deuxième.

1re Série.

Puisque vous avez prononcé d'un seul temps les éléments de la deuxième partie, et que vous avez appelé gl comme gle, vr comme vre, cl comme cle, etc., il n'y a pas plus de difficulté à faire lire les mots aigle, œuvre, oncle, angle, etc., qu'il n'y en a à faire lire les mots ode, ame, ève, île, etc.

Cette série de mots n'est, à la vue d'un instituteur habile, que les éléments de la deuxième partie, présentés seulement sous un ordre différent.

Enseignez les mots des séries suivantes comme ceux des séries de la première partie : ôtez de la fin de chaque consonne l'e muet, que vous mettriez en épelant, substituez adroitement à la place du son sourd de cet e muet le son des autres voyelles, et voilà toute la méthode.

Négligez les consonnes finales nulles : faites lire les mots ils emploient, ils aimaient, vingt, doigts, etc., comme s'il y avait seulement ils emploi, ils aimai, vin, doi, etc., vous éviterez non-seulement de jeter de la confusion dans les idées des enfants, mais encore de leur faire faire une étude particulière de la prononciation.

SECONDE PARTIE.

VOYELLES DOUBLES.
(Sons composés.)

ai ei ou au eu œu

VOYELLES NAZALES.
(Sons composés.)

on	an	en	in	un
om	am	em	im	um

CONSONNES CONJOINTES.
(Articulations doubles.)

fl	**cl**	**gl**	**pl**	**bl**	**fr**	**cr**
fle	cle	gle	ple	ble	fre	cre
gr	**pr**	**br**	**dr**	**vr**	**tr**	
gre	pre	bre	dre	vre	tre	

Les suivantes ont une articulation simple.

ph	**ch**	**gu**	**qu**	**gn**
ffe	che	gue	que	gne

(14)

1ʳᵉ SÉRIE.		2ᵉ SÉRIE.	
ai gle	aigle	flam bé	flambé
ei		blou sse	blousse
ou vre	ouvre	plai dé	plaidé
au tre	autre	preu ve	preuve
eu		plan té	planté
œu vre	œuvre	bron ze	bronze
on cle	oncle	trom pé	trompé
an gle	angle	cram pe	crampe
en cre	encre	bran lé	branlé
in		tren te	trente
un		flai ré	flairé
om bre	ombre	prin ce	prince
am ple	ample	chau ffé	chauffé
em		guim pe	guimpe
um		trem pé	trempé

3ᵉ SÉRIE.

Consonnes finales sensibles.

	l	r	f	c	n	m
l		rival		vachal		mortel
r		finir		mourir		devenir
f		motif		massif		passif
c		caduc		public		
n		aiglon		mitron		manchon
m		parfum				

4ᵉ SÉRIE.

Consonnes finales sensibles.

rix   prix   tapis   roux   houx
moud   doubs   bouts   coups   loups
choux   goûts   bijoux   maux   draps
chauds   chevaux   impôts   laids

5ᵉ SÉRIE.

gne se prononce dans le corps des mots comme dans règne.

règne   peigne   vigneron   campagne
vigne   remignon   vignoble   grignon

Il se prononce guene au commencement des mots.

gnide   gnosse   gnome
gnomon   gnomide   gnomique

6ᵉ SÉRIE.

e non accentué est censé l'être devant une ou plusieurs consonnes finales.

entrez   chantez   dansez   mangez
lisez   nez   assez   effet   briquet
agnelet   legs   reflets   etc.

7ᵉ SÉRIE.

Consonnes intermédiaires.

objet	actif	Alpes	Elbe	soldat
mortel	vertu	jardin	parfum	
Balkan	turban	journal	Portugal	
respectif	consulté	augmenta		

8ᵉ SÉRIE.

Diphtongues. — Sons doubles.

io   violon, babiole, miolis, pioche
ia   piano, niable, amiable, mariage
iè   mièvre, rivière, siècle, pièce
ua   attribua, évacua, salua, nuage
at   attribué, évacué, salué, puéril
ui   huile, puiser, reluire, cuivre
oi   voile, poile, miroir, paroisse
oua   déjoua, louage, pouacre, bouati
oué   boué, enroué, bafoué, dénoué
oui   enfoui, réjoui, Louis, Louise
ouan   secouant, amadouant, échouant
ouin   thouin, babouin, bédouin
oin   oindre, moindre, pointe, moins
ian   viande
ion   lion

yon	Lyon
ieu	Dieu, lieu, mieux, cieux, pieu
yeu	les yeux

9ᵉ SÉRIE.

(Sons triples.)

Les deux diphtongues suivantes, ay, ey, se prononcent ai-ï, ei-ï.

ayon	ayons, rayon, crayon
ayan	ayant
ayau	rayaux
ayé	rayé
aya	grasseya
eyon	grasseyons
eyan	grasseyant

10ᵉ SÉRIE.

(Sons quadruples.)

La diphtongue oy se prononce oi-ï dans le corps des mots.

oyeux	joyeux
oyau	joyaux, royaume, noyau

Elle se prononce oi à la fin des mots Foy, Troyes.

oy	Foy, Troyes

11ᵉ SÉRIE.

DU TRÉMA.

Le tréma fait prononcer les voyelles séparément.

(Sons doubles.)

oï	Moïse, héroïque
aï	Sinaï, Abigaïl, haïr
oü	Pirithoüs
aü	Saül, Esaü, Archelaüs
éi	déité
éu	réussi, réuni

12ᵉ SÉRIE.

e placé seulement pour donner à g le son de j.

eo	rougeole
ea	rougeâtre
eon	pigeon
ean	mangeant
eoi	villageoise
eai	ravageai

ÉLÉMENTS EXCEPTIONNELS.

13ᵉ SÉRIE.

tion se prononce sion.

nation, actions, ultion, dictions, révolution, édition, manutention, potion, élections, citation, notion, agitation, fractions, munitions, mention, ration, faction, fiction, migration, destitution, punition, section, portion, coction, caution, frictions, salutations.

tion précédé de s ou x et dans les mots précédés de nous, se prononce tion.

bastion, combustion, nous dotions, nous portions, nous goûtions, nous notions, mixtion, nous citions, nous sautions, question, nous vantions, congestion, nous dations, indigestion, nous luttions, nous ôtions, gestion, nous gâtions, nous options, suggestion, nous jetions, nous répétions ; *excepté dans* nous initions, nous balbutions.

14ᵉ SÉRIE.

ex au commencement des mots se prononce egz.

exaction, exécution, exil, exhaler, exacteur, exécuteur, exiler, exhalaison, exagéré, exécutrice, exalté, exhumer, exemple, exigible, exhumation, exagérateur, exemplaire, exigeant, exhiber, exagératif, exécrable, exigence, exhibition, exagération, exécrable, existence.

15ᵉ SÉRIE.

e devant mm se prononce a.

femme, précédemment, femmelette, révéremment, concurremment, différemment, prudemment, ardemment, équivalemment, insolemment, imprudemment, indolemment, compétemment, éloquemment, indécemment, patiemment, apparemment, fervemment, conséquemment, éminemment, innocemment, évidemment, négligemment, opulemment, impatiemment, confidemment, compétemment, incidemment, fréquemment, antécédemment.

16ᵉ SÉRIE.

en précédé de e, i, y, se prononce in.

musicien, tiendra, doyen, bienfait, européen, convient, moyen, ancien,

nazaréen, maintien, citoyen, chiens,
Iduméen, soutien, mitoyen, païen,
Vendéen, viendrai, logicien, Sabéen,
deviens, aérien, Galien, Platéens.

17ᵉ SÉRIE.

ien se prononce ian dans les mots terminés
en ient, ience.

patient, faïence, audience, patience,
client, quotient, obédience, Orient,
impatience, émollient, inconvénient,
efficient, récipient, ingrédient.

18ᵉ SÉRIE.

en suivi de ne fait ène.

musicienne, ennemi, étrenne, renne,
Vienne, italienne, chienne, revienne,
antienne, païenne, tienne, parisienne,
soutienne, ancienne, sienne, devienne.

19ᵉ SÉRIE.

La consonne double mm se divise dans les mots
suivants.

emmagasiner, s'emménager, emmener,
emmaigrir, emmanché, emmitouflé,
emmuselé, emmantelé, emmancheur,
emmariner, emmenoter, emmortaisé,
emménagogues, emmanchement.

OBSERVATION FORT IMPORTANTE.

Les deux sons fort différents attribués dans la langue française aux mots qui se terminent par les lettres ent offrent de grandes difficultés aux enfants. Ces difficultés seront facilement vaincues par une explication simple mais exacte, que leur donnera le maître.

La terminaison ent se prononce ant dans tous les mots qui ne sont pas des verbes, mais dans ces derniers elle se prononce comme l'e muet, et elle est nulle lorsqu'elle est précédée d'une voyelle. Pour faire saisir à l'élève cette différence, il faut absolument lui apprendre à distinguer un verbe entre les autres mots qui composent le discours.

Pour atteindre ce but, le maître dira à son élève que le verbe est un mot devant lequel on peut mettre je, tu, il *ou* elle, nous, vous, ils *ou* elles; que tout mot devant lequel ces pronoms ne peuvent être placés, et qui se termine par ent, doit être prononcé comme s'il se terminait par ant; mais que hors de là, les mots qui finissent par ent doivent se prononcer comme s'ils finissaient par un e muet, c'est-à-dire que dans la terminaison des verbes, ent se prononce e, et précédé d'une voyelle, ent est nul.

A cet effet on fera lire et l'on expliquera les exemples suivants :

1ᵉʳ EXEMPLE.

Je lis souvent, tu lis souvent, il *ou* elle lit souvent ; nous lisons souvent, vous lisez souvent, ils *ou* elles lisent souvent.

2ᵉ EXEMPLE.

Je jouais rarement, tu jouais rarement, il *ou* elle jouait rarement ; nous jouions rarement, vous jouiez rarement, ils *ou* elles jouaient rarement.

3ᵉ EXEMPLE.

Je m'amuse innocemment, tu t'amuses imprudemment, il *ou* elle s'amuse prudemment; nous nous amusons fréquemment, vous vous amusez indécemment, ils *ou* elles s'amusent prudemment.

4ᵉ EXEMPLE.

Je parle difficilement, tu parles éloquemment, il *ou* elle parle confidemment; nous parlons difficilement, vous parlez éloquemment, ils *ou* elles parlent confidemment.

5ᵉ EXEMPLE.

Je chante indolemment, tu chantes gracieusement, il *ou* elle chante supérieurement ; nous chantons indolemment, vous chantez gracieusement, ils *ou* elles chantent supérieurement.

6ᵉ EXEMPLE.

J'écoutais attentivement, tu écoutais assidûment, cet enfant écoutait apparemment ; nous écoutions attentivement, vous écoutiez assidûment, ces enfants écoutaient apparemment.

7ᵉ EXEMPLE.

J'aimais vivement, tu aimais fervemment, cet homme aimait passionnément; nous aimions vivement, vous aimiez fervemment, ces hommes aimaient passionnément.

8ᵉ EXEMPLE.

Je me décidais difficilement, tu te

décidais inconsidérément, ce soldat se décidait courageusement ; nous nous décidions officieusement, vous vous décidiez gracieusement, ces généraux se décidaient ouvertement.

9ᵉ EXEMPLE.

Il y en a qui s'occupent sérieusement, d'autres qui agissent fort mollement. Les merles ne sifflent qu'au printemps ; les chats miaulent continuellement. Les bons s'aiment et s'aident mutuellement ; les méchants se haïssent et se trahissent ordinairement. Les vertus ne s'oublient pas impunément ; les talents ne deviennent jamais inutiles. Les militaires s'exercent au maniement des armes. Les hommes prudents ne se décident pas inconsidérément. Les vauriens agissent inutilement. Les paresseux ne servent à rien. Les chiens aboient désagréablement. Les biens nous flattent délicieusement.

AVERTISSEMENT

DE LA TROISIÈME PARTIE.

Faites prononcer d'un seul temps les éléments de la troisième partie, comme ceux de la première et de la deuxième.

Les syllabes des mots de la troisième partie ne sont pas seulement formées de ses éléments, elles sont souvent formées d'éléments de la première et de la deuxième; la première et la deuxième partie sont par conséquent réunies à la troisième.

Il y a, dans la troisième partie, trois lignes de sons mouillés; mais sitôt que la première est connue par l'élève, les deux autres le sont aussi. L'instituteur habile n'a pas plus de difficulté à faire lire les sons mouillés aille, ailles, dans les mots bataille, murailles, qu'il en a à faire lire le son ail dans l'ail; de même les sons mouillés ouille, ouilles, dans quenouille, grenouilles, n'offrent pas plus de difficultés que le son ouil, dans fenouil, etc.

Enseignez les mots de la troisième partie comme ceux de la première et de la deuxième; ôtez de la fin de chaque consonne l'e muet que vous mettriez en épelant, substituez adroitement à la place du son sourd de cet e muet le son des autres voyelles, et voilà toute la méthode.

TROISIÈME PARTIE.

VOYELLES COMPLEXES.
Sons composés.

ain   aim   ein   eun

Sons mouillés.

ail   eil   ouil   euil   ueil
aille   cille   ouille   euille
ailles   eilles   ouilles   euilles

CONSONNES COMPLEXES.
Articulations triples.

scr   str   scl   spl

Articulations doubles.

phr   phl   chr   chl
sc   st   sp

Articulation simple.

sch

1re SÉRIE.

ain	nain, sain, crainte, massepain
aim	faim, daim, essaim
ein	peintre, teindre, ceinture
eun	à jeun
ail	travail, de l'ail, camail, attirail
aille	bataille, muraille, canaille
ailles	batailles, murailles, Versailles
eil	soleil, sommeil, réveil
eille	oreille, treille, abeille, vieille
eilles	oreilles, treilles, abeilles, vieilles
ouil	mouil, fenouil
ouille	quenouille, grenouille, andouille
ouilles	quenouilles, grenouilles, andouilles
euil	deuil, cerfeuil, seuil
euille	feuille, feuilleter
euilles	feuilles
ueil	recueil, écueil, orgueil, accueil

2ᵉ SÉRIE.

ill au commencement des mots se prononce comme dans illégal.

ill illustre, illustrons, illicite, illettré, illatif, illégal, illitéré, illimité, illuminé, illégitime, illuminant, illuminatif, illégale, illégalité

il se prononce de même dans les mots suivants.

ill ville, mille, Camille, camomille

il se prononce dans le corps des mots, comme dans grille.

ill fille, billet, papillote, habiller, grille, étrille, quille, faucille, drille, brandille, rapilleur, grapille, grapillon, grapilleuse, béquille, chenille, famille, coquillage.

3ᵉ SÉRIE.

scr	scrutin, scribe, scrutateur, scripteur
str	strapontin, stribord, structure, strabisme
scl	sclérotique, sclérophthalmie
spl	splénique, splendide, splendeur
phr	phrase, phrénésie, phrénétique
phl	phlogose, phlébotomie, phlegmatique
chr	chrême, chrétien, chromatique
chl	chlamyde, chlorose
sc	scarlatine, scandaleux
st	stabilité, stangue, station, statuaire
sp	spécifique, spectacle, spectateur
sch	schiste, schisme, schismatique

sc se prononce s devant e, i, y.

sc	scélérat, scénique, science, scytale

4ᵉ SÉRIE.

ë surmonté du tréma devient nul à la fin des mots ; dans le corps des mots il s'y prononce séparément.

poëte, Noël, poëme, ciguë, aiguë, contiguë, exiguë

œil	*se prononce*	euil
œillade	—	euillade
œillet	—	euillet
œilleton	—	euilleton
œillère	—	euillère

REMARQUE
SUR LA PRONONCIATION FRANÇAISE.

Tous les mots ont un repos, ce repos se trouve toujours sur l'avant-dernière syllabe des mots terminés par un e muet ; ainsi dans le mot chemise le repos est sur mi ; table, le repos est sur ta ; dans les mots terminés par toute autre voyelle que l'e muet, ou par une consonne, le repos est sur la dernière syllabe : Mexico, rocher, d'abord, etc.

TABLEAU GÉNÉRAL (1).

PREMIÈRE PARTIE.	SECONDE PARTIE.	TROISIÈME PARTIE.
VOYELLES SIMPLES. *Sons simples.* o a e i u é è y	**VOYELLES DOUBLES.** *Sons composés.* ai ei ou au eu œu	**VOYELLES COMPLEXES.** *Sons composés.* ain aim ein eun *Sons mouillés.* ail eil ouil euil ueil aille eille ouille cuille ailles eilles ouilles euilles ille illes
CONSONNES SIMPLES. *Articulations simples.* l r f c n m g p b d q s x j v k t z h	**CONSONNES CONJOINTES.** *Articulations doubles.* fl cl gl pl bl fr cr gr pr br dr vr tr *Les suivantes ont une articul. simple.* ph ch gu qu gn	**CONSONNES COMPLEXES.** *Articulations triples.* scr str scl spl *Articulations doubles.* phr phl chr chl sc st sp *Articulation simple.* sch

CONSONNES DOUBLES.	VOYELLES NASALES.	E nul, placé seulement pour donner à G le son de J.
ll rr ff cc nn mm	on an en in un	eo ea eon can eoi
pp bb ss tt etc.	om am em im um	eai eau

ÉLÉMENTS EXCEPTIONNELS.

C devant E, I, Y se prononce SE.	G devant E, I, Y se prononce J.	EX au commencement des mots se prononce EGZ.	S entre deux voyelles se prononce Z.	Le tréma fait prononcer les voyelles séparément.
ce cédille ça	ge	exa	exe	asé	iso	aï	oï
ci ço	gi	exé	exo	usé	usu	aü	ouï
cy çu	gy	exi	exu	osa	éso	oë	uë–u

(1) Ce tableau renferme les éléments des trois parties de la méthode ; ces élément combinés ensemble donnent tous les mots possibles : les prononcer d'un seul temps, appeler les consonnes avec le secours de l'e muet, substituer adroitement à la place du son sourd de l'e muet le son des autres voyelles ; c'est là toute la méthode. — Avec ce tableau seul, le premier livre venu peut servir de méthode de lecture. Dans la collection de tableaux, il est imprimé en très-gros caractères ; on le place dans le lieu le plus apparent de l'école.

Récapitulation.

SENTENCES
PROPRES A FORMER UN BON CŒUR AUX ENFANTS.

Aimer Dieu et le servir, voilà tous les devoirs d'un chrétien.

On ne sert Dieu qu'en obéissant aux lois.

Qui n'aime pas son roi n'aime pas son Dieu.

Les hommes doivent s'entr'aimer comme des frères.

Il ne faut pas faire à autrui ce qu'on ne voudrait pas qu'il fût fait à soi-même.

Les Français ont l'estime de tous les autres peuples.

La vertu consiste à pratiquer tous les devoirs du chrétien.

Un mauvais chétien est un homme bien à plaindre.

Il faut pardonner à nos ennemis le mal qu'ils nous font.

Il est difficile d'être à la fois et l'ami du monde et l'ami de Dieu.

La vie est un mystère dont Dieu seul connaît le secret.

La mort est le sort de toutes les créatures, rien ne lui échappe.

Vous remettez à bien vivre, mais dans une heure peut-être serez-vous mort.

Le temps s'écoule et ne revient point; il faut mettre à profit celui que Dieu veut bien nous donner.

Il y a pour les bons un paradis, séjour de bonheur; mais un enfer, asile des malheurs, attend les méchants.

Les méchants sont détestés en ce monde et punis dans l'autre; mais les bons sont aimés ici-bas et ils seront récompensés dans l'éternité.

Un enfant qui ne respecte ni ses maîtres ni ses parents est un petit misérable qui ne sera jamais aimé de personne.

Dormir, le péché mortel dans l'ame,

c'est s'exposer à se réveiller dans l'enfer.

Les sacrements sont institués pour réconcilier les hommes avec Dieu.

Les lois sont faites pour maintenir la paix et l'union dans la société.

Les brigands, tout en fuyant l'empire des lois légitimes, sont forcés de s'en créer pour eux-mêmes.

Le roi et la patrie ne font qu'un; qui aime la France aime son roi, qui aime le roi aime la France.

Il faut être reconnaissant du bien que l'on reçoit : ainsi nous devons l'être envers Dieu, qui nous donna la vie et qui nous la conserve; envers le gouvernement, qui assure notre tranquillité; envers les hommes qui nous donnent de bons conseils; envers les parents qui nous élèvent.

Leçons de Morale.

POLICHINEL.

Ce vilain Polichinel, que l'on ne peut regarder sans rire, est en effet un être fort ridicule ; son grand nez, sa large bouche, ses petits yeux et sa grosse bosse en font une sorte de monstre. Cependant il ne fut pas toujours ainsi, dans sa première jeunesse il était fort beau ; mais c'était un enfant capricieux et désobéissant, qui se livrait sans cesse à la colère, à la jalousie et à la paresse. Sa méchanceté lui bouleversa toute la physionomie, lui gâta le sang et le rendit laid comme on le voit maintenant ; c'est un malheur qui menace tous les enfants indociles. Prenez garde à vous bien conduire, crainte de devenir comme ce vilain Polichinel.

Combien de petits enfants entêtés et capricieux qui s'amusent des grimaces de

Polichinel sans songer à rien, qui se corrigeraient bien vite s'ils réfléchissaient qu'un sort pareil les attend s'ils ne deviennent plus sages.

LE PETIT RAMONEUR.

Le petit ramoneur est un enfant bien à plaindre et bien à louer ; bien à plaindre, parce qu'il est très-malheureux ; bien à louer, parce qu'il est très-sage.
Tandis que de petits paresseux vont jouer au lieu d'aller à l'école ou d'aider leurs parents, le petit ramoneur court et travaille sans cesse pour gagner du pain à sa pauvre famille. Tous les jours on le voit exposer gaiement sa vie en grimpant dans les cheminées, qu'il nettoie pour un prix très-modique. Bien d'autres ne pourraient seulement pas se nourrir avec l'argent que reçoit ce pauvre enfant pour prix de sa peine, et lui, trouve cependant le moyen d'en mettre encore un peu en réserve, pour soulager ses parents, car il est très-sobre.

Le petit ramoneur sort des montagnes de l'Auvergne et de celles de la Savoie, lorsque le froid et la neige empêchent de travailler dehors. Il retourne chez lui lorsque le beau temps reparaît, et on le cite comme le modèle des enfants sages.

Lecture du Latin.

Les mots latins sont formés des mêmes éléments que les mots français, à part les exceptions suivantes.

Il n'y a ni e muet ni éléments nuls dans le latin, c'est-à-dire que les e se prononcent toujours comme s'ils étaient accentués, et qu'il faut aussi prononcer toutes les lettres, comme dans ille, est, etc.

en, un) se prononcent (in, on,
em, um)   (im, om,

comme dans unde, secundo, templum, credendum, etc., qui se prononcent ondé, sécondo, timplom, crédindom, en faisant sentir le m final.

gn se prononce guene,	comme dans	regnum
qua	coua,	aqua
que	cüé,	usque
qui	cüi,	quid
quo	co,	aliquod
quu	cüu,	equus
gua	goua,	lingua
gue	güé,	angue
gui	güi,	angui
guo	güo,	arguo
guu	güu,	arguum

LEÇON LATINE.

Dieu crée le monde en six jours.

Deus creavit cœlum et terram, intra sex dies.

Primo die fecit lucem.

Secundo die fecit firmamentum, quod vocavit cœlum.

Tertio die coegit aquas in unum locum, et eduxit e terra plantas et arbores.

Quarto die fecit solem et lunam et stellas.

Quinto die, aves qui volitant in aere, et pisces qui natant in aquis.

Sexto die fecit omnia animantia; postremo hominem, et quievit die septimo.

Analyse
OU DÉCOMPOSITION DES MOTS.

PREMIÈRE PARTIE.
Éléments simples.

code
    c consonne simple (articulation simple.)
    o voyelle simple (son simple).
    de consonne simple suivie de l'e muet.

homme
    h élément nul.
    o voyelle simple (son simple).
    mme consonne double équivalant à une simple suivie de l'e muet.

légume
    l consonne simple (articul. simple).
    é voyelle simple (son simple).
    g consonne simple (articul. simple).
    u voyelle simple (son simple).
    me consonne simple suivie de l'e muet.

SECONDE PARTIE.

Eléments doubles et simples.

champion.
    ch consonne conjointe (articulation simple).
    am voyelle nasale (son composé).
    p consonne simple (articul. simple).
    ion diphthongue (son double).

doigts
    d consonne simple (articul. simple).
    oi diphthongue (son double).
    gts consonnes finales nulles.

loups
    l consonne simple (articul. simple).
    ou voyelle double (son composé).
    ps consonnes finales nulles.

TROISIÈME PARTIE.

Eléments triples, doubles et simples.

peintre.
    p consonne simple (articul. simple).
    ein voyelle complexe (son composé).
    tre consonne conjointe (articulation double suivie de l' e muet).

strapontin

 str consonne complexe (articulation triple).
 a voyelle simple (son simple).
 p consonne simple (articul. simple).
 on voyelle nasale (son composé).
 t consonne simple (articul. simple).
 in voyelle nasale (son composé).

travail

 tr consonne conjointe (articulation double).
 a voyelle simple (son simple).
 v consonne simple (articul. simple).
 ail voyelle complexe (son mouillé).

deuil

 d consonne simple (articul. simple).
 euil voyelle complexe (son mouillé).

Questions.

Pourquoi avons-nous divisé les principes de lecture en trois parties ?

Parce qu'en suivant cet ordre l'on évite de jeter de la confusion dans les idées des enfants, et par conséquent tous les écueils qui arrêtent ou qui retardent la marche des progrès.

Pourquoi avons-nous placé les voyelles les premières, et les avons-nous séparées des consonnes?

Parce qu'elles représentent les signes les plus simples, les plus faciles à connaître et à exprimer, et qu'il faut les distinguer des consonnes.

Pourquoi, parmi les consonnes, les six l, r, f, c, n, m, sont-elles au premier rang ?

Parce qu'elles sont sensibles à la fin des mots, et les autres nulles.

Pourquoi donnons-nous à c le nom de ke ?

Parce que cette consonne se prononce ke devant les trois a, o, u, ca, co, cu, et après toutes les voyelles ac, ec, ic, oc, uc ; ainsi que devant les liquides l, r, cl, cr, tandis qu'elle n'a la valeur de se que devant e, i et y : ceci, ci. Par une raison semblable, nous nommons le g gue, plutôt que je.

Peut-on enseigner à lire sans faire épeler ?

D'après le nom donné aux lettres dans cette méthode, et les nombreux exemples qu'elle renferme, l'on voit clairement que, lorsqu'une syllabe est formée d'une consonne suivie de l'e muet, l'épellation est inutile, et que, lorsque cette consonne est suivie de toute autre voyelle, on la substitue adroitement à la place de l'e muet que l'on mettrait en épelant, et dès-lors plus d'épellation. Ainsi, dès le moment où un enfant lit les mots ancre, outre, angle, etc., il lit aussi les mots cran, trou, gland, etc.

Dira-t-on que l'épellation est indispensable pour que les enfants apprennent l'orthographe ?

L'expérience nous prouve que des élèves de trois ans, qui n'ont fait qu'épeler jusqu'au moment où on leur donne la première leçon d'orthographe, ne sont pas même en état, tant leur attention et leur mémoire ont été mal exercées par l'épellation, de copier exactement quelques lignes qu'ils ont vues et épelées plusieurs fois.

AUTRES QUESTIONS.

A quoi ressemblent les habitudes que l'on contracte pendant l'enfance ?

A ces caractères tracés sur l'écorce d'un jeune arbre, qui croissent, qui se développent avec lui, et qui font partie de lui-même.

Si donc vous avez soin de former le cœur à l'amour de la vertu, vous avez tout à espérer pour la suite ; mais si, au contraire, vous les laissez égarer dans les sentiers du vice, il iront d'égarement en égarement, et ne pourront peut-être plus en revenir.

Quel est donc le second livre de lecture que l'on doit adopter dans les écoles primaires ?

L'histoire sainte ; sans l'instruction morale et religieuse, il est impossible de prévenir les désordres et les inconvenients sans nombre que produit l'ignorance, source de tous les maux.

Quels seront les résultats d'une éducation morale et religieuse ?

Diminution rapide des délits de tout genre contre les personnes et les propriétés, progrès moral du peuple, accroissement de son bien-être, adoucissement des lois pénales, suppression graduelle de la peine de mort.

Dans la pratique de l'enseignement peut-on distinguer l'instruction religieuse de l'instruction ordinaire ?

Ces deux instructions doivent se confondre ; elles perdraient trop l'une et l'autre à être séparées. L'instituteur primaire ne professe pas à telle heure la religion, à telle heure la science ; il les unit dans presque toutes ses leçons.

TABLE DE PYTHAGORE.

2 fois	2 font	4	4 fois	7 font	28
2	3	6	4	8	32
2	4	8	4	9	36
2	5	10	5	5	25
2	6	12	5	6	30
2	7	14	5	7	35
2	8	16	5	8	40
2	9	18	5	9	45
3	3	9	6	6	36
3	4	12	6	7	42
3	5	15	6	8	48
3	6	18	6	9	54
3	7	21	7	7	49
3	8	24	7	8	56
3	9	27	7	9	63
4	4	16	8	8	64
4	5	20	8	9	72
4	6	24	9	9	81

CONVERSION DES SOUS EN CENTIMES.

1 sou vaut	5 cent.	11 sous val.	55 cent.
2	10	12	60
3	15	13	65
4	20	14	70
5	25	15	75
6	30	16	80
7	35	17	85
8	40	18	90
9	45	19	95
10	50	20 s. ou 1 f.	100

Grenoble, impr. de Prudhomme.

www.ingramcontent.com/pod-product-compliance
Lightning Source LLC
Chambersburg PA
CBHW060939050426
42453CB00009B/1085